GoD MADe freekles eyesnose and Mouth

31367166R10068

Made in the USA
Middletown, DE
31 December 2018